# BEI GRIN MACHT SICH IHR WISSEN BEZAHLT

- Wir veröffentlichen Ihre Hausarbeit, Bachelor- und Masterarbeit

- Ihr eigenes eBook und Buch - weltweit in allen wichtigen Shops

- Verdienen Sie an jedem Verkauf

Jetzt bei www.GRIN.com hochladen und kostenlos publizieren

**Bibliografische Information der Deutschen Nationalbibliothek:**

Die Deutsche Bibliothek verzeichnet diese Publikation in der Deutschen National-bibliografie; detaillierte bibliografische Daten sind im Internet über http://dnb.d-nb.de/ abrufbar.

**Impressum:**

Copyright © 2019 GRIN Verlag
Druck und Bindung: Books on Demand GmbH, Norderstedt Germany
ISBN: 9783668970427

**Dieses Buch bei GRIN:**

https://www.grin.com/document/486561

Nina Rosenmeier

**Aus der Reihe: e-fellows.net stipendiaten-wissen**

e-fellows.net (Hrsg.)

Band 3157

# Management von IT Projekten

## Lernportfolio und Reflexion

GRIN Verlag

**GRIN - Your knowledge has value**

Der GRIN Verlag publiziert seit 1998 wissenschaftliche Arbeiten von Studenten, Hochschullehrern und anderen Akademikern als eBook und gedrucktes Buch. Die Verlagswebsite www.grin.com ist die ideale Plattform zur Veröffentlichung von Hausarbeiten, Abschlussarbeiten, wissenschaftlichen Aufsätzen, Dissertationen und Fachbüchern.

**Besuchen Sie uns im Internet:**

http://www.grin.com/

http://www.facebook.com/grincom

http://www.twitter.com/grin_com

# Hausarbeit im Rahmen des Lernportfolios im Master-Modul ‚Management von IT Projekten'

# Dokumentation und Reflexion des Gelernten

Nina Rosenmeier

Fachhochschule Bielefeld, Fachbereich Wirtschaft

Wintersemester 2018

# Inhaltsverzeichnis

# 1. SCRUM

## 1.1 Inventur

- Persönlich: Kenntnisse aus Vorlesungen, sollte im Unternehmen eingesetzt werden, aber Einführung hat sich verzögert

- Agiles Projektmanagement

- Häufig in Unternehmen zur Softwareentwicklung genutzt

- Unterteilung in verschiedenen Phasen, die „Sprints" genannt werden

- Unterschiedliche Rollen innerhalb eines Teams

  o Scrum Master

  o Product Owner

  o Scrum Entwicklungsteam

    ▪ Verschiedene Rollen: Entwickler, Tester, …

- Basiert auf PDAC (Plan – Do – Act – Check) Zyklus

- Product Backlog Items (PBIs), die die zu erledigenden Aufgaben aufführen

- PBIs werden priorisiert nach Eigenschaften = wichtigstes zuerst, dann nebensächliches

- Häufige Rücksprache und Abstimmung über Ergebnisse und offene Aufgaben innerhalb des Teams (Meetings, die täglich, wöchentlich oder am Ende einer Phase stattfinden)

## 1.2 Inhalte

### 1.2.1 Ausgangsproblem

In der Produkt- und Softwareentwicklung werden häufig Projekte beauftragt, bei denen die Anforderungen vor Projektbeginn nicht vollständig definiert werden können. Es gibt Unsicherheiten, die den Umfang oder die Detaillierung betreffen. Zusätzlich ändern sich auch während des Projektes die Anforderungen. Daraus entstehen zusätzlich zu den normalen Projektrisiken weitere unvorhersehbare Risiken in Hinsicht auf die Skalierung und Umsetzung. Durch die unterschiedlichen Detaillierungsgrade kann es vorkommen, dass das beauftragte Produkt an einigen Stellen „besser" entwickelt wurde als an anderen. Um ein gänzlich zufriedenstellendes und detailliertes Produkt entwickeln zu können, wird das agile Vorgehensmodell des Projektmanagements durch Nutzung von Scrum eingesetzt. Bei Einsatz dieses Vorgehensmodells werden mit dem Auftraggeber häufig Rahmenverträge geschlossen, damit die Vergütung des gesamten Projektes im inkrementellen Vorgehen abgesichert ist. Für jeden Projektabschnitt werden dann gesondert Werkverträge geschlossen, die dem jeweiligen Aufwand angepasst sind.

## 1.2.2 Methode, Lösung bzw. Vorgehen

Scrum ist ein Framework, mithilfe dessen durch zyklisches Planen und Umsetzen einzelner Anforderungsteile letztendlich ein den Anforderungen des Auftraggebers entsprechendes Produkt geliefert werden kann. Durch das zyklische Planen werden Entscheidungen teilweise erzwungen, da der vorgegebene Zeitrahmen nicht überschritten werden darf.

Das Projekt wird in sogenannte Sprints unterteilt. Diese dauern maximal einen Kalendermonat bzw. 30 Tage. Es ist jedoch möglich diese Zeit auf beispielsweise 15 Tage zu verringern. Aus dem Anforderungskatalog (Product Backlog, im Folgenden genauer beschrieben) werden einzelne Anforderungen herausgezogen, im Sprint Backlog (ebenfalls im Folgenden genauer beschrieben) festgesetzt und anschließend umgesetzt. Hieraus resultiert, dass jeder Sprint ein potenziell lauffähiges Produktinkrement liefert. Dieses wird dem Auftraggeber vorgestellt, der dadurch Zwischenergebnisse erhält und anhand dieser seine Anforderungen ggf. spezifizieren oder ändern kann. Durch das Vorgehen kann der Nutzen des Produktes im Projektverlauf maximiert werden. Damit das Sprintergebnis nutzbar ist, muss ein Sprint alle Bereiche der Entwicklung abdecken (Analyse, Design, Umsetzung, Implementierung, Test, ...). Kann eine Anforderung nicht vollständig umgesetzt werden, wird sie in einem späteren Sprint fortgesetzt und der aktuelle Sprint dennoch zum festgelegten Termin beendet.

Das bereits erwähnte Product Backlog ist der Anforderungskatalog, in welchem alle Anforderungen des Projektes aufgeführt werden. Jede Anforderung wird als Product Backlog Item (PBI) aufgeführt und erhält eine Priorität, die anhand der Wichtigkeit für das Projekt gemessen wird. Nur Anforderungen, die auch im Product Backlog stehen, existieren und werden umgesetzt. PBIs definieren sich dadurch, dass sie unabhängig voneinander, verhandelbar hinsichtlich Priorität und Sinnhaftigkeit, wertbeitragend, zeitlich klar schätzbar, klein und testbar sind. Der Product Owner, dessen Rolle im Folgenden noch beschrieben wird, definiert und priorisiert die PBIs anhand von Wert, Risiko und Verzögerungskosten. Durch die Beschreibung der PBIs durch Epics (Prozesse) und User Stories (Prozessausschnitte bzw. Tätigkeitsschritte) können die PBIs genau definiert und getestet werden. Ist eine erfolgreiche Abbildung möglich, kann definiert werden, dass der entsprechende PBI als „abgeschlossen" markiert werden kann.

Im sogenannten Sprint Backlog werden die PBIs aufgeführt, die für den aktuellen Sprint ausgewählt wurden. Diese werden wiederum in feinere Aufgaben (Tasks) unterteilt, die, entsprechend der verschiedenen Funktionen der Teammitglieder, ein Enddatum, einen Status (nicht begonnen, in Bearbeitung, vollständig), eine zugewiesene Person und eine genaue Aufgabenbeschreibung enthalten (z.B. testen, programmieren der Schnittstelle XY, ...). Für den erfolgreichen Abschluss eines Sprints werden Test driven development (TDD), fortlaufende Versionierung, Regressionstests, peer programming und weitere Techniken genutzt. Bevor ein PBI in das Sprint Backlog übernommen wird, muss das gesamte Team bestätigen, dass dieses PBI innerhalb des Sprints machbar ist. Dieser Schritt erfolgt im „Sprint Planning Meeting", das später genauer beschrieben wird.

Bevor auf die verschiedenen Meetings eingegangen werden kann, die den Ablauf eines Sprints strukturieren, müssen zunächst die Rollen der verschiedenen Mitglieder innerhalb des Scrum-Teams vorgestellt werden: Der Scrum Master, der Product Owner und das Entwicklungsteam.

Ziel des Scrum Masters ist, dass Scrum erfolgreich im Projekt eingesetzt wird. Er besitzt umfassende Kenntnisse über die Technik. Er hilft bei der Einführung von Scrum und unterstützt das Team, insbesondere den Product Owner in methodischen Fragen. Er moderiert die Meetings, leitet durch das Projekt, trainiert das Entwicklungsteam in der Selbstorganisation und beseitigt Hemmnisse. Er ist allerdings kein Projektleiter und trägt dadurch auch keine Verantwortung für die Ergebnisse. Eine weitere wichtige Aufgabe ist, dass er das Team vor Störungen von außen schützt.

Der Product Owner hat als Ziel, dass der Produktnutzen maximiert wird, indem die Produkteigenschaften priorisiert werden. Er verwaltet und pflegt die einzelnen PBIs, formuliert diese für jeden verständlich und transparent und priorisiert diese anschließend. Dabei definiert er klar, woran als nächstes gearbeitet werden soll. Als Schnittstelle zum Auftraggeber vertritt er dessen Interessen. Dementsprechend besitzt er quasi eine Leitungsfunktion, allerdings keine Weisungsbefugnisse gegenüber dem Entwicklungsteam.

Das Entwicklungsteam hat als oberstes Ziel die Erstellung eines erfolgreichen und wartbaren Produktes. Da wie bereits zuvor erwähnt alle Bereiche der Entwicklung abgedeckt werden müssen, ist das Team funktionsübergreifend und besitzt alle für die Produkterstellung notwendigen Fähigkeiten. Es ist selbstorganisiert und die einzelnen Personen arbeiten gemeinsam an einer Lösung. Das Entwicklungsteam unterstützt den Product Owner in der Detaillierung der einzelnen Anforderungen, muss allerdings widersprechen, wenn der Umfang eines einzelnen Sprints zu groß wird.

Gemeinsames Ziel des gesamten Scrum-Teams ist also die Erstellung eines erfolgreichen und wertvollen Produktes. Innerhalb des Teams gibt es keine Arbeitgeber-Arbeitnehmer-Beziehung zwischen Product Owner und Entwicklungsteam und jedes Scrum-Team ist unabhängig von anderen Teams. Da es keinen offiziellen Projektleiter gibt, verteilen sich dessen Aufgaben innerhalb des Teams durch die Selbstorganisation und verschiedenen Meetings. Es ist vorgegeben, dass das Team zwischen 4-9 Personen umfasst. Dadurch wird automatisch in der Projektgröße eingeschränkt. Größere Projekte werden durch Large Scale Scrum (LeSS) abgebildet. Dafür wird Scrum durch Regeln ergänzt und die Aufgaben des Product Owners und Scrum Masters in Umfang und Aufwand erweitert. Die Teams werden auf bis zu acht erhöht. Auch die Meetings werden hinsichtlich der Struktur verändert. Darauf soll in dieser Arbeit allerdings nicht detaillierter eingegangen werden.

Innerhalb von Scrum gibt es fünf verschiedene Meetings, die zu verschiedenen Zeitpunkten eines Sprints stattfinden. Im Folgenden sollen die einzelnen Meetings kurz beschrieben werden.

Vor Beginn eines jeden Sprints finden das sogenannte Backlog Refinement Meeting, auch Backlog Grooming genannt, und das Sprint Planning Meeting statt.

Das Backlog Refinement Meeting ist ein Meeting, welches nicht zwingend durchgeführt werden muss, jedoch zur Vorbereitung des Sprint Planning Meetings und als Unterstützung für den Product Owner dient. Jegliche PBIs werden innerhalb von vier Stunden, bei einem Sprint von 15 Tagen innerhalb von zwei Stunden, im Team besprochen. Es werden Prioritäten für die einzelnen PBIs festgelegt und Aufwände geschätzt. Ein weiterer wichtiger Aspekt sind hierbei die Abnahmekriterien für die einzelnen PBIs, die definitiv erfüllt werden müssen, damit ein PBI als erfolgreich umgesetzt gilt. Durch User Stories werden die PBIs dabei sinnvoll in umsetzbare Umfänge verkleinert, sodass sie innerhalb eines Sprints erfolgreich umgesetzt werden können.

Am darauf folgenden Sprint Planning Meeting nimmt ebenfalls das gesamte Team teil. Es ist zeitlich auf maximal acht Stunden bei einem Sprint von 30 Tagen und auf vier Stunden bei einem Sprint von 15 Tagen begrenzt. Einzelne PBIs werden betrachtet und aus diesen Tasks abgeleitet. Ist ein PBI ausreichend definiert, d.h. ca. 60% der Tasks wurden definiert und weitere ergeben sich im Verlauf des Sprints, wird dieser in das Sprint Backlog übernommen und für den kommenden Sprint als Ziel gesetzt. Wichtig ist dabei, dass alle Teammitglieder zustimmen, dass der PBI innerhalb eines Sprints erledigt werden kann. Ist dieses nicht der Fall, muss der PBI verkleinert bzw. verfeinert werden, denn oberstes Ziel bleibt, dass am Ende eines jeden Sprints ein potenziell auslieferbares Produkt erstellt wurde. Es werden noch keine Zuweisungen der Tasks an einzelne Teammitglieder gemacht, diese Zuweisungen erfolgen erst im Daily Scrum Meeting.

Das Daily Scrum Meeting findet täglich zur gleichen Zeit, am selben Ort, für fünf bis 15 Minuten statt und wird auf der Basis von drei Fragen durchgeführt: Was habe ich gestern gemacht? Was mache ich heute? Was hat mich behindert? Am Meeting nehmen der Scrum Master und das Entwicklungsteam teil. Es ist dem Team selbst überlassen, ob der Product Owner ebenfalls teilnimmt. Das Team kann durch Beantwortung der drei Fragen offene Punkte und Probleme diskutieren und sich gegenseitig unterstützen. Außerdem werden die offenen Tasks untereinander verteilt und somit die sich in Ausführung befindliche Arbeit (Work in Progress) immer weiter minimiert. Fallen den Mitgliedern weitere noch nicht aufgeführte Tasks auf, die ebenfalls erledigt werden müssen, wird das Sprint Backlog ergänzt. Als Hilfsmittel für das Meeting gibt es das sogenannte Taskboard, an dem alle Tasks mit dem jeweiligen Zustand (neu, in Bearbeitung, abgeschlossen) aufgeführt. Es schafft einen Überblick über alle Aufgaben. Das Sprint Burndown Chart ist ein Diagramm, welches im Verhältnis von Zeit und Aufwand einen Überblick über den verbleibenden Aufwand gewährt. Innerhalb des Diagramms gibt es eine optimale Kurve. Liegt das Team oberhalb oder unterhalb dieser Kurve kann schnell erkannt werden, ob das Team zeitlich im Rahmen liegt oder, ob es schneller arbeiten muss. Große Diskrepanzen zwischen Zeit und Aufwand werden dadurch ebenfalls zeitnah aufgedeckt.

Nachdem ein Sprint beendet wurde findet das Sprint Review Meeting statt. Zu diesem Meeting erscheinen das gesamte Team und die Stakeholder. Das Meeting ist in vier Abschnitte unterteilt. Zunächst wird der aktuelle Stand vorgestellt und das Sprintinkrement in einer Livedemonstration gezeigt. Anschließend wird anhand der PBIs erläutert, welche Aspekte erledigt wurden und welche nicht.

Im dritten Abschnitt geben die Stakeholder und der Product Owner Feedback zum Sprintinkrement und können auf Basis dieses Inkrementes ihre Anforderungen spezifizieren oder ändern. Im vierten und letzten Abschnitt des Meetings werden die neuen bzw. geänderten Anforderungen und nächsten Schritte diskutiert und schriftlich fixiert.

Da das Ziel von Scrum ist, dass es auch als Lernplattform für alle Beteiligten dient, gibt es ein weiteres Meeting nach Beendigung eines jeden Sprints. Das Retrospective Meeting dient dem Scrum Team dazu die eigenen Fähigkeiten zu verbessern. Der vergangene Sprint wird dazu von allen Mitgliedern bewertet und es wird herausgearbeitet was gut und was schlecht lief.

Auf Basis der erarbeiteten Ergebnisse, werden Maßnahmen für zukünftige Sprints geplant. Dadurch können die Zusammenarbeit im Team und auch die Fähigkeiten der einzelnen Mitglieder verbessert werden. Für die Bewertung des Sprints können viele verschiedene Techniken gewählt werden. Einige Beispiele dafür sind der Safety Check, bei dem die Mitglieder anonym auf einer Skala bewerten wie sicher sie sich in dem Sprint gefühlt haben, die timeline retrospective, bei der die Teammitglieder an einem Zeitstrahl Ereignisse aufführen und diskutieren und die klassische Scrum Retrospective, bei der festgehalten wird, was gut und schlecht lief, was gelernt wurde und was sie nach wie vor beschäftigt.

Zusammenfassend ist Scrum ein Rahmenwerk, welches strikte Prinzipientreue erfordert. Durch das agile Vorgehen kann ein Produkt entwickelt werden, welches genauestens den Kundenwünschen entspricht. Dadurch eignet sich Scrum besonders in den Bereichen der Hard- und Softwareentwicklung und der Dienstleistungsbranche, aber auch für alle anderen Bereiche, in denen die Anforderungen nicht von vorn herein klar definiert werden können. Bei der Arbeit im Team können die eigenen Fähigkeiten, der Teamgedanke und die Selbstorganisation verbessert werden. Scrum ist zwar zunächst schwer zu erlernen und fordert viel Disziplin von allen Beteiligten in der Ein- und Durchführung, allerdings kann es dann zu einem erheblichen Mehrwert in der kundenorientierten Entwicklung beitragen.

## 1.3 Reflexion

Wo sind noch Lücken in meinen Handlungskompetenzen?

- Umgang mit Problemen im Team (ggf. Details welche Probleme in der Praxis häufig auftauchen und wie damit umgegangen werden kann)

- Ausführliches Beispiel für ein Projekt mit mehreren Sprints

Wie könnte ich bzw. der Dozent den Stoff besser erlernen / vermitteln?

- Informationen in der Veranstaltung bzw. der Vorlesungsunterlagen waren häufig identisch zu denen aus dem Video → weitergehende Informationen durch den Dozenten

## 2. KANBAN

### 2.1 Inventur

- Persönlich: Benutzung im Unternehmen für Softwareentwicklung
- Tafel mit verschiedenen Spalten, die Prozessschritte darstellen
- Aufgaben stehen auf kleinen Kärtchen
- Aufgaben werden in verschiedenen Spalten einsortiert
- Jedes Mitglied „holt sich die Aufgaben"

### 2.2 Inhalte

#### 2.2.1 Ausgangsproblem

Im Arbeitsalltag in der IT fallen unterschiedlichste Aufgaben an. Einige dieser Aufgaben müssen sofort erledigt werden, andere können später erledigt werden und wieder andere weisen einen so großen Umfang auf, dass kontinuierlich über einen langen Zeitraum an ihnen gearbeitet werden muss. Dabei ist das Priorisieren der Aufgaben nicht immer einfach und häufig wird, auf Drängen der Projektleiter hin, dessen Aufgabe gelöst, der betont, dass seine Aufgabe die Wichtigste sei. Durch diesen Umstand finden an einem Arbeitstag häufige Aufgabenwechsel statt, damit jede Aufgabe zumindest teilweise bearbeitet werden kann. Das senkt die Produktivität aufgrund der Rüstzeiten, die durch jeweils erneutes Einfinden in die andere Aufgabe entstehen und es kommt zu Zeitproblemen und Überforderung der Mitarbeiter.

#### 2.2.2 Methode, Lösung bzw. Vorgehen

Das bereits in Kapitel 1 vorgestellte Vorgehensmodell „Scrum" kann nicht als Lösung für die Problematik genutzt werden, da es auf die Organisation genau eines einzigen Projektes ausgerichtet ist und nicht auf das IT Change-Management abzielt, bei dem mehrere Aufgaben und Projekte gleichzeitig bearbeitet werden. Sobald mehrere Aufgaben gleichzeitig bearbeitet werden, muss also eine andere Technik genutzt werden. Eine Möglichkeit ist die Nutzung der Technik „Kanban" (japanisch: Signalkarte). Sie entspringt der genutzten Technik im Produktionssystem von Toyota. Dort sollte ein kontinuierlicher und gleichmäßiger Arbeitsfluss in der Produktion entstehen. Im Jahr 2007 stellte David Anderson, der als Begründer von Kanban in der IT gilt, die abgewandelte Technik vor. Sie zielt ebenfalls durch ein einfaches Konzept darauf ab, einen kontinuierlichen Arbeitsfluss zu visualisieren und generieren und dennoch keinen Mitarbeiter zu überlasten.

Für den Einsatz von Kanban sind nur wenige Hilfsmittel notwendig: ein Kanban-Board (z.B. ein großes Whiteboard), Post-It's, Sticker (rot, grün, Namen der Mitarbeiter) und Stifte. Zu Beginn wird jeder einzelne Prozessschritt als Spalte auf das Kanban-Board geschrieben (z.B. nicht begonnen, Analyse, Programmierung, Testen, abgeschlossen). Dadurch sind die einzelnen notwendigen Arbeitsschritte der Reihenfolge nach notiert und für jeden Mitarbeiter klar ersichtlich in welcher Reihenfolge die Aufgaben abgearbeitet werden. Diese werden bei Eintreffen jeweils auf ein Post-It geschrieben.

Außerdem werden das Datum, eine eventuelle Deadline, Titel und Beschreibung in Stichpunkten, Ersteller und Datum der Fertigstellung notiert. Jeder Mitarbeiter kann eine maximale Anzahl an Aufgaben übernehmen. Dabei kann er selbst entscheiden, welche Aufgabe er wählt (Pull-Prinzip) und klebt einen Sticker mit seinem Namen an das jeweilige Post-It. Es muss jedoch stets die Reihenfolge der Prozessschritte beachtet werden. Um Probleme oder Zeitüberschreitungen hervorheben zu können, existieren rote Sticker, die an eine Aufgabe geheftet werden können. So können andere Teammitglieder unterstützen. Schließt der Mitarbeiter die gewählte Aufgabe ab, klebt er einen grünen Sticker an das Post-It und signalisiert für Mitarbeiter der nachgelagerten Prozessschritte, dass die Bearbeitung dort beginnen kann.

Auch die einzelnen Spalten sind in der maximalen Kapazität begrenzt. Dadurch wird die Überlastung einzelner Mitarbeiter oder Bereiche vermieden. Ist die maximale Kapazität erreicht, müssen die Mitarbeiter gemeinsam die bestehenden Aufgaben lösen, bevor neue Aufgaben begonnen werden können. Es wird ein kontinuierlicher Arbeitsfluss geschaffen und durch die maximale Begrenzung der Aufgaben pro Mitarbeiter können Rüstzeiten minimiert werden.

Für den erfolgreichen Einsatz von Kanban bedarf einiger Regeln, die konsequent verfolgt werden müssen:

1.  Visualisiere den Fluss der Arbeit: Alle Prozessschritte müssen am Kanban-Board aufgeführt werden
2.  Begrenze die Menge angefangener Arbeit: jede Spalte hat eine maximale Kapazität
3.  Miss und steuere den Fluss: Durchlaufzeiten sollten ausgewertet, optimiert und anschließend verkürzt werden
4.  Regeln für den Prozess sind explizit: Alle Begriffe und Spalten müssen klar definiert werden. Es muss für alle Mitarbeiter dasselbe Verständnis von „fertig" geben.
5.  Alle Ebenen tragen Verantwortung: Alle Prozessmitarbeiter tragen zusammen zum Ergebnis bei. Deshalb sollte jeder Mitarbeiter bei Ideen zu Prozessverbesserung diese auch einbringen.
6.  Verwende Modelle: Für ein besseres Verständnis der Prozessabläufe können Modelle genutzt werden. Durch die Nutzung von Modellen besteht ebenfalls die Möglichkeit, dass Prozesse verbessert werden können.

Zusammenfassend ist Kanban eine schnell erlernbare Technik, die jedoch der Zustimmung aller involvierten Personen bedarf und von diesen konsequent genutzt werden muss. Es ist wichtig die Einführung dieser Technik nicht in einem Schritt durchzuführen, sondern nach und nach zu dieser Technik überzugehen. Dadurch kann durch langsames Annähern an die Technik ein größerer Zuspruch und besseres Verständnis entstehen.

## 2.3 Reflexion

Wo sind noch Lücken in meinen Handlungskompetenzen?

- Wie kann zutreffend priorisiert werden?
- Welche Systeme existieren auf dem Markt, die den Einsatz von Kanban in Unternehmen unterstützen
- Unternehmen in der Praxis, die dieses Vorgehen erfolgreich einsetzen
- Wie wird mit besonders großen Anforderungen umgegangen? Sind diese überhaupt in Kanban umsetzbar (könnte den gesamten Arbeitsfluss blockieren)

## 3. Requirement Engineering

### 3.1 Inventur

- Persönlich: Projekte im Unternehmen, Projekt WIF im 5. Semester des Bachelors
- Anforderungen ausführlich und eindeutig erfassen
- Unterschiede zwischen Pflichten- und Lastenheft
- Modelle zur Darstellung von Prozessen nutzen (z.b. BPMN)

#### 3.1.1 Ausgangsproblem

Bevor ein Projekt in der Softwareentwicklung umgesetzt werden kann, müssen zunächst alle Anforderungen erfasst werden. Dabei ist darauf zu achten, dass die Erfassung eindeutig ist und auch eine klare Abgrenzung schafft, welche Leistungen in der Umsetzung enthalten sein werden und welche nicht. Um eine umfassende und ausreichende Dokumentation erstellen zu können, gibt es das Anforderungsmanagement, auch Requirement Engineering genannt. Es wird für die Erstellung von fehlerarmer und effizienter Software genutzt.

#### 3.1.2 Methode, Lösung bzw. Vorgehen

Das Anforderungsmanagement soll den systematischen Umgang mit Anforderungen, die an ein Produkt oder Projekt gestellt werden, abdecken. Ziel des Anforderungsmanagements ist, dass relevante Anforderungen innerhalb eines Projektes erkannt, erfasst, dokumentiert und verwaltet werden. Durch die Dokumentation aller Anforderungen kann das Risiko der Nichterfüllung minimiert werden. Das bedeutet hinsichtlich der Projektorganisation, dass es durch Missverständnisse zu Termin- und Budgetüberschreitungen kommt. Auf das Produkt bezogen kann verhindert werden, dass Bestandteile eines Produktes nicht zusammenpassen oder notwendige Eigenschaften fehlen. Daraus folgend müsste immer wieder nachgebessert werden. Es muss also ein Konsens unter den Stakeholdern geschaffen werden, sodass die Anforderungen von allen Beteiligten einheitlich verstanden und auch akzeptiert werden. Anschließend müssen diese dann konform dokumentiert und systematisch verwaltet werden. Dabei werden jegliche Wünsche und Bedürfnisse in Bezug auf die Anforderungen dokumentiert. Auch Anforderungen, die nur unterbewusst oder unbewusst existieren, müssen spezifiziert und erfasst werden.

Das Anforderungsmanagement lässt sich in vier unterschiedliche Phasen einteilen: **Ermittlung, Dokumentation, Prüfung** und **Verwaltung**.

Bei der **Ermittlung der Anforderungen** kann zunächst zwischen verschiedenen Faktoren unterschieden werden. Die Basisfaktoren, die ein Produkt leisten muss, existieren meist nur unterbewusst und werden vom Auftraggeber vorausgesetzt. Aus diesem Grund ist bei der Anforderungserfassung darauf zu achten, dass auch diese Faktoren definiert werden und es somit nicht zu Unstimmigkeiten in Bezug auf diese kommen kann. Die Leistungsfaktoren sind die bewussten Faktoren, aufgrund derer der Auftraggeber sich eigentlich entschlossen hat das Projekt durchzuführen und werden explizit gefordert.

Werden diese unzureichend erfasst und nicht geliefert, kann dieser Umstand schnell zum Scheitern eines Projektes führen. Ein weiterer Faktor sind die Begeisterungsfaktoren. Diese Faktoren sind dem Auftraggeber nicht bewusst, lösen aber, wenn sie umgesetzt werden eine große Begeisterung aus und führen zu einer höheren Anerkennung und Akzeptanz des Produktes. Ein Beispiel dafür kann z.b. eine äußerst einfache Bedienung des Systems sein. Dadurch wird der Nutzen dieser Anforderung zwar nicht im Voraus definiert, anschließend allerdings als besonders angenehm empfunden.

Die Anforderungsermittlung erfolgt wiederum in vier Schritten. Zunächst werden die Quellen ermittelt, die zur Ermittlung aller Anforderungen herangezogen und genutzt werden können. Dabei werden sowohl mögliche Stakeholder, als auch Systeme und Dokumente genutzt. Im nächsten Schritt erfolgt die Definition der Ziele der Anforderungsermittlung. Im Anschluss daran wird eine Systemabgrenzung durchgeführt. Das bedeutet, es werden Schnittstellen zu anderen Systemen und auch Nichtbestandteile des Projektes erfasst. Diese Abgrenzung ist notwendig, damit der Rahmen des Projektes genau definiert ist und es nicht auf eine unbekannte Größe anwächst. Abschließend werden die Anforderungen systematisch durch Nutzung verschiedener Techniken erhoben. Zur Ermittlung von Basisfaktoren eignet sich dabei besonders die Methode der Beobachtung bestehender Prozesse, für die Erhebung von Leistungsfaktoren sowohl die Befragungs-, als auch die Beobachtungsmethode. Durch Einsatz von Kreativitätstechniken werden die Basis- und Leistungsfaktoren nur unzureichend erfasst. Ergebnis sind aus diesem Grund oft nur die Begeisterungsfaktoren.

Für die **Dokumentation** von Anforderungen wird im Projektalltag oft eine Kombination aus Natürlichsprache/Prosa und konzeptionellen Modellen verwendet. Hintergrund dafür ist die Problematik, dass in der Prosa oft nicht eindeutig beschrieben werden kann und es zu Missverständnissen kommen kann. Der Einsatz eines Glossars und die Nutzung von Satzschablonen (Das System muss/kann/soll nicht ...) tragen hier bereits zu einem besseren Verständnis bei. Die Nutzung der konzeptionellen Modelle kann eine Eindeutigkeit schaffen, ist jedoch nicht für alle verständlich. Die konzeptionellen Modelle bilden die Ebenen Funktion (z.B. Use Cases), Verhalten (z.B. Zustände und Zustandsübergänge) und Struktur (z.B. Klassendiagramme) ab. Eine Kombination der Möglichkeiten schafft ein klares Verständnis für alle Beteiligten.

Die **Prüfung** der dokumentierten Anforderungen ist ein sehr wichtiger Bestandteil des Requirement Engineerings. Es muss darauf geachtet werden, dass die Anforderungen formal korrekt und vollständig dokumentiert wurden. Besonders das einheitliche Verständnis der Anforderungen ist ein wichtiger Inhalt. Ziel der Prüfung ist es, dass ein gemeinsames Verständnis der einzelnen Anforderungen geschaffen wird. Zu Beachten ist jedoch, dass oft nicht alle Anforderungen auch umgesetzt werden können, da einige auch konkurrieren oder widersprüchlich sein können. Hierbei ist wiederum der Austausch zwischen den Projektbeteiligten notwendig. Durch das Lesen aus verschiedenen Anwenderperspektiven heraus, den Einsatz von Prototypen und die Nutzung von vorab erarbeiteten Checklisten, kann eine erfolgsorientierte Prüfung geschehen. Ein einheitlich definierter Freigabeprozess sorgt dafür, dass nur geprüfte Anforderungen auch tatsächlich übernommen werden.

Bei der **Verwaltung** von Anforderungen ist das oberste Ziel, dass alle Anforderungen über den gesamten Produktlebenszyklus hinweg für die Projektbeteiligten verfügbar sind. Dabei müssen die Dokumente strukturiert abgelegt und mit Metadaten versehen werden. Dadurch kann ein schneller und selektiver Zugriff auf frühere Dokumente erfolgen. Auch das Verknüpfen von Anforderungen untereinander hilft dabei, dass Zusammenhänge zwischen einzelnen Anforderungen auch im Nachhinein nachvollziehbar bleiben. Durch den Einsatz eines geeigneten Workflow Management Systems können Anforderungen strukturiert erfasst, priorisiert, freigegeben, geändert, versioniert und abgearbeitet werden.

Das zuvor erwähnte Vorgehen stellt die wesentlichen Bestandteile des klassischen Projektmanagements dar. Auch im agilen Projektmanagement werden Anforderungen erfasst. Dabei werden diese jedoch zunächst nicht so detailliert erfasst und im weiteren Projektverlauf immer tiefer detailliert.

Zwei Möglichkeiten, die im agilen Projektmanagement oft benutzt werden sind User Stories und das Story Telling. Eine User Story stellt genau eine Anforderung dar und ist speziell auf einen Anwender bezogen. Vorteil dabei ist, dass sie praxisbezogen und dadurch eher nachvollziehbar und testbar als fiktive Testszenarien ist. Des Weiteren dienen User Stories als Gedankenstütze und sind kategorisierbar nach Risiken, Priorität, Testbarkeit und Nutzer. Es ist zu beachten, dass die User Stories häufig auch Begeisterungsfaktoren abbilden, jedoch nur auf die Produktfunktionen fokussiert sind. Aus den User Stories werden im Projektverlauf kleinere Tasks (Aufgaben) abgeleitet, die dann umgesetzt werden. Eine Zusammenfassung mehrerer User Stories wird Epic genannt und ist vergleichbar mit den Use Cases im klassischen Projektmanagement.

Das Story Telling ist eine Methode, die dem richtigen Zuhörer die wichtigsten Projektinhalte vermitteln soll, sodass diese auch im Gedächtnis bleiben, weitergetragen und übernommen werden. Es wird, wie beim Erzählen einer Geschichte, ein Spannungsbogen aufgebaut und die Anforderungen in eine Geschichte verpackt. Diese Geschichte wird dem Benutzer zweckgebunden erzählt. Dadurch kann der Erzähler Feedback erhalten, indem die Anforderungen ergänzt oder verändert werden. Die Methode des Story Tellings kann in allen Projektbereichen (Wissensmanagement, Kommunikation, Lösungsfindung, etc.) eingesetzt werden.

Zusammenfassend ist das Requirement Engineering ein sehr wichtiger Bestandteil im Projekt. Werden die Anforderungen unzureichend erfasst, kann es im Verlauf des Projektes zu unvorhersehbaren Problemen und Konflikten kommen, die durch eine ausführliche Anforderungserfassung hätten vermieden werden können. Es wird also zwingend dazu geraten zunächst ein einheitliches Verständnis inklusive aller Abgrenzungen zu schaffen, bevor mit der Umsetzung begonnen wird.

### 3.2 Reflexion

- Welche Tools sind in der Praxis vertreten und was zeichnet sie aus?
- Welche Tools unterstützen die Anforderungserfassung im agilen Projektmanagement?

# 4. Multiprojektmanagement

## 4.1 Inventur

- Persönlich: keine Erfahrungen, im Unternehmen wirkte es wie quasi spontan ausgewählt

### 4.1.1 Ausgangsproblem

In Unternehmen werden verschiedenste Projekte durchgeführt. Diese können sich ähneln, werden jedoch meist jeweils einzeln gemanagt. Ein Projekt an sich ist finanziell beschränkt und das Budget darf nicht unendlich weit überschritten werden. Durch die unterschiedlichen Projekte und eine begrenzte Zahl an Ressourcen herrscht ein regelrechter Wettbewerb um diese, damit die Projekte pünktlich umgesetzt werden können. Für die eingesetzten Ressourcen bzw. Mitarbeiter bedeutet dieser Wettbewerb oft einen Einsatz in mehreren Projekten gleichzeitig. Damit einhergehend müssen sich die Mitarbeiter in jedes Projekt neu einarbeiten und ein mehrfacher Wechsel zwischen den Projekten an einem Tag erhöht diese Rüstzeiten noch weiter. Das Multitasking der Mitarbeiter sorgt ebenfalls für Chaos in der Projektdurchführung, welches Terminüberschreitungen zur Folge hat, und führt zu Unmut unter den Mitarbeiter, die sie sich überfordert fühlen. Durch das Management mehrerer Projekte parallel, kann jedes Projekt nur in einem kleinen Rahmen gemanagt werden und ggf. wichtige Managementaspekte bleiben unberücksichtigt oder werden nur unzureichend berücksichtigt.

### 4.1.2 Methode, Lösung bzw. Vorgehen

Zur angemessenen Verwaltung mehrere Projekte parallel, gibt es das Multiprojektmanagement. Dieses dient der Planung, übergreifenden Steuerung und Überwachung mehrerer Projekte gleichzeitig. Eine der Methode zugrunde liegende Annahme ist, dass ein Unternehmen nicht alles zeitgleich tun kann. Dadurch wird auf operativer Ebene die in Ausführung befindliche Arbeit (**Work In Progress**) begrenzt, eine Steuerung mehrerer Projekte gleichzeitig ermöglicht, die Problematik der Ressourcenkapazitäten gelöst und für alle Projekte gemeinsam gültige und verbindliche Methoden entwickelt. Auf der strategischen Ebene werden gemeinsame Ziele definiert und erarbeitet, Projekte priorisiert und alle Vorhaben anhand ihres Zielbeitrages und der Abhängigkeiten untereinander bewertet. Das Multiprojektmanagement wird dementsprechend in das sogenannte Projektportfoliomanagement, welches die strategische Ebene und das Programmmanagement, welches die operative Ebene abdeckt, unterteilt. Im Folgenden soll zunächst das Programmmanagement und anschließend das Projektportfoliomanagement, welches die dem Programm- und Projektmanagement übergeordnete strategische Instanz darstellt, detaillierter erläutert werden.

## Programmmanagement

Als Programm werden mehrere Projekte zusammengefasst, die ein übergeordnetes Ziel besitzen. Innerhalb der einzelnen Projekte können sich Inhalte überschneiden und Abhängigkeiten vorhanden sein. Davon kann im Multiprojektmanagement profitiert werden, da die Erkenntnisse aus dem einen Projekt für das andere übernommen werden können. Ein Programm wird im Gesamtkontext zeitlich terminiert. Sind alle Unterprojekte abgeschlossen, gilt auch das Programm als abgeschlossen.

Der Programmmanager hat die Aufgabe für einen reibungslosen Projektablauf zu sorgen und die Ressourcen in einem angemessenen Rahmen auszulasten, sodass es weder zu einer Überlastung noch zu freien Kapazitäten kommt. Das Ziel ist eine effiziente Durchführung von Projektbündeln zu gewährleisten. Das heißt, dass das Projektziel mit minimalem Aufwand erreicht werden soll und nach dem Minimalprinzip gearbeitet wird. Dadurch, dass in allen Projekten mit den gleichen Methoden gearbeitet wird, werden die Rüstzeiten gering gehalten und eine schnelle Einarbeitung in die jeweiligen Projekte ist möglich.

Um ein erfolgreiches Programmmanagement durchführen zu können, gibt es einige Aspekte, die beachtet werden sollten: Zunächst einmal ist zu erwähnen, dass ein Programm mit all seinen enthaltenen Projekten sehr komplex sein kann. Aus diesem Grund sollte ein Programmbüro eingerichtet werden, das aus mehreren Personen besteht. Deren Aufgaben umfassen die Definition des Programms, das Ausbilden und Unterstützen der Projektleiter, das Sammeln, Erfassen und Aufbereiten von Daten und Aktionen und die Erhebung der Datenqualität der einzelnen Projekte. Des Weiteren müssen vom Programmbüro die Statusmeetings vorbereitet und deren Ergebnisse aufbereitet werden. Dabei ist es unerlässlich, dass die Steuerungsprozesse klar definiert und zeitlich sinnvoll geplant werden. Das bedeutet, dass zunächst das Projektmanagement der einzelnen Projekte eingerichtet werden muss und erst anschließend ein funktionierendes Programmmanagement etabliert werden kann. Speziell für das Programm müssen klare Regeln definiert und in allen enthaltenen Projekten gelebt werden. Es werden Schnittstellen eingerichtet, an denen die Kommunikation erfolgt. Hierfür ist es sinnvoll ein eigenes Projekt für das Programm anzulegen, in welchem die Schnittstellen zusammenlaufen und koordiniert werden.

Durch den Einsatz eines Projektmanagementsystems und die Nutzung von Frühwarnsytemen, wie z.B. der Meilensteintrendanalyse, kann eine koordinierte Programmausführung gewährleistet werden, bei der alle Involvierten stets auf dem neusten Stand sind und die aktuellsten Daten zur Verfügung stehen. Auch die Darstellung der zeitlichen und inhaltlichen Abhängigkeiten der Projekte kann dort realisiert und genutzt werden.

Projektportfoliomanagement

Das Projektportfolio umfasst alle Projekte und Programme, die für ein Unternehmen relevant sind. Es ist nicht zeitlich terminiert und beinhaltet jegliche Projekte und Programme, die geplant sind und aktuell durchgeführt werden. Abgeschlossene werden im Portfolio nicht weiter aufgeführt und aus diesem entfernt. Die Aufgaben des Managements umfassen vier Hauptaufgaben, zu denen auch viele weitere kleine Aufgaben gehören. Um das Projektportfolio kontinuierlich zu verbessern, werden die Projekte permanent priorisiert und geplant und die Überwachung und Steuerung dieser erfolgt übergreifend. Insbesondere auf die Effektivität wird vom Management Wert gelegt. Deshalb muss außerdem eine Auswahl der richtigen Projekte und Programme erfolgen.

Das Priorisieren erfolgt anhand der Bewertung des strategischen und monetären Nutzens der einzelnen Programme und Projekte. Um erfolgreich priorisieren zu können, existieren mehrere Möglichkeiten ein Priorisieren durchzuführen. Es können beispielsweise Nutzwertanalysen, paarweise Vergleiche und IT-Portfolios, die Nutzen im Verhältnis zu Usability darstellen, genutzt werden. Auf diese Techniken soll an dieser Stelle jedoch nicht weiter eingegangen werden.

Die permanente Planung beinhaltet jegliche Planungen in Hinsicht auf Finanzen, Risiken und Mitarbeiter. Bei der Mitarbeiterplanung wird im Gesamtkontext beachtet, dass nur so viele Projekte geplant werden, wie auch Ressourcenkapazitäten zur Verfügung stehen. Dadurch wird eine optimale Auslastung dieser gewährleistet und die geplanten Projekte können im geplanten Zeitraum durchgeführt werden. Es wird nach dem Maximalprinzip gearbeitet. Das bedeutet, dass mit den bestehenden Ressourcen ein maximaler Nutzen erreicht werden soll.

Die übergreifende Überwachung soll zu einem erfolgreichen Verlauf der Projekte führen. Dadurch, dass Probleme schneller erkannt werden können, kann entsprechend auch schneller agiert und reagiert werden. Des Weiteren können Ähnlichkeiten in den Projekten erkannt werden und ein Austausch von Lösungen für diese stattfinden. Der Projektverlauf kann dadurch weiter optimiert werden.

Durch die übergreifende Steuerung sollen Ressourcenengpässe vermieden werden und die bestehenden Kapazitäten permanent ausgelastet werden. Dem eingangs erwähnten Wettkampf um die Ressourcen wird entgegengewirkt und eine Überlastung dieser vermieden.

Die Bewertung der Projekte erfolgt regelmäßig. Dadurch können veränderte Anforderungen auch eine Änderung der Priorität bewirken. Damit einhergehend sind Zwangsprojekte zu erwähnen. Diese können beispielsweise durch neue gesetzliche Vorgaben entstehen. Zwangsprojekte erhalten eine höhere Priorität, damit deren Umsetzung zeitnah erfolgen kann und das Wohl des Unternehmens nicht gefährdet ist.

Zusammenfassend können durch das Projektportfoliomanagement eine Vielzahl an Risiken minimiert werden: Durch die übergreifende Steuerung, welche die Anzahl der durchzuführenden Projekte begrenzt wird gewährleistet, dass nicht zu viele Projekte existieren und die durchgeführten Projekte auch fertig werden.

Des Weiteren werden die Projekte, die keinen Wertbeitrag zur Unternehmensstrategie leisten, gar nicht erst ausgewählt und durchgeführt. Des Weiteren können Projekte, die schlecht laufen und verbessert werden müssen eher erkannt werden. Bei Bedarf kann dann sogar eingegriffen werden und ein Projektabbruch erfolgen. Die kontinuierliche Projektbewertung führt dazu, dass die Projekte immer auf dem aktuellsten Stand priorisiert werden und dadurch die wichtigsten Projekte auch zuerst umgesetzt werden. Das ist deshalb so wichtig, da es aus Sicht des Unternehmens und aus Sicht der Abteilung immer unterschiedliche Ansichten zum Priorisieren einzelner Projekte vorherrschen. Ein übergreifendes Risikomanagement dient zur frühzeitigen und allumfassenden Aufnahme und Erkennung aller möglichen Risiken. Da eintretende Projektrisiken für Unternehmen oft finanziellen Schaden darstellen ist dieses Management unerlässlich und sollte möglichst ausführlich erfolgen. Ein letzter sehr wichtiger Aspekt sind die Synergieeffekte, die bei der Zusammenfassung einzelner Projekte zu einem Programm entstehen. Durch die Durchführung ähnlicher Projekte kann von bereits durchgeführten Projekten profitiert werden. Beispielsweise kann Programmiercode aus einem Projekt für das andere Projekt übernommen werden und somit Zeit gespart werden. Auch in Projekten, die zeitgleich verlaufen und ähnliche Problemstellungen aufweisen, kann in einem projektübergreifenden Team zusammen an einer Lösung gearbeitet werden und dadurch das Know-How für beide Projekte genutzt werden.

## 4.2 Reflexion

Wo sind noch Lücken in meinen Handlungskompetenzen?

- Auch hier wären Beispiele aus der Praxis interessant (z.B. gezielte Darstellung von Unternehmen Programm- und/oder Projektportfoliomanagement betreiben)

# Literaturverzeichnis

Sch18    Management von IT-Projekten; Schäfermeier, Prof. Dr. Ulrich; Vorlesungsunterlagen; Wintersemester 2018/2019


<u>weitere Quellen:</u>

Ilias: Management in IT-Projekten (WS 18-19 - 5 WI 63) Schäfermeier ● Ressourcen ● Literatur

YouTube-Videos: Links aus den Vorlesungsunterlagen [Sch18]